KB119029

인생고전 라이팅북

'내 인생의 고전'을 필사하는 책, '인생고전 라이팅북' 시리즈는 현대인에게 가장 사랑받는 고
전과 사상가들을 선정하여 그 핵심 메시지를 독자들이 직접 글로 쓰는 경험을 선사하며, 깊이
있는 인문교양 지식도 함께 전달합니다. '인생고전 라이팅북' 시리즈를 통해 평생 간직하고
싶은 소중한 글들을 필사하고 고전의 지혜와 통찰을 삶에 새길 수 있을 것입니다.

• 근간 《내 삶에 새기는 니체》 (박찬국 편역)

내 삶에 새기는
쇼펜하우어

일러두기

이 책에 수록된 잠언은 쇼펜하우어의 대표작인 《의지와 표상으로서의 세계》,
《소품과 부록》에서 엄선하여 번역했다.

Arthur Schopenhauer

내 삶에 새기는 쇼펜하우어

박찬국 편역

위즈덤하우스

염세주의 철학자 쇼펜하우어가 전하는 뜻밖의 위안

최근 우리나라에서는 쇼펜하우어 열풍이라고 불릴 정도로 쇼펜하우어에 대한 관심이 뜨겁습니다. 주지하듯이 쇼펜하우어는 '사는 게 고통'이라고 설파했던 대표적인 염세주의 철학자입니다. 염세주의라는 단어에서 '염厭'은 미워하고 싫어하는 것을 의미합니다. 따라서 염세주의는 세상을 악과 고통이 지배하는 곳으로 보면서 부정하는 철학적 입장을 가리키고 있습니다. 쇼펜하우어에 대한 우리나라 사람들의 관심이 갑자기 커진 것은 우리 삶이 그만큼 힘들어졌기 때문이 아닐까요? 또 이와 함께 많은 사람이 염세주의자까지는 아니더라도 염세주의에 공감하기 때문은 아닐까 하는 생각이 듭니다.

많은 한국인이 사는 게 힘들다고 느끼고 있다는 것은 한국이 OECD 국가 중 자살률 최고라는 사실에서도 단적으로 나타납니다. 유사 이래 최대의 물질적인 풍요를 누리면서도 사는 게 힘들다는 비명이 요즘만큼 큰 적도 없었던 것 같습니다. 빈부격차가 갈수록 커지면서 사람들이 느끼는 상대적 박탈감이 심화되고 있고, 아울러 모든 사람이 어릴 적부터 경쟁의 격랑 속에서 허덕이고 있지요. 또한 오랫동안 사람들에게 마음의 안식처로 기능했던 기성 종교들이 더 이상 그러한 역할을 하지 못하고 있기 때문이기도 할 것입니다.

이러한 사회적·정신적 상황이 최근 한국인들이 쇼펜하우어에 관심을 갖게 된 이유가 아닐까 합니다. 쇼펜하우어 당시만 해도 유럽에서는 그리스도교가 지배적인 영향력을 가지고 있었습니다. 따라서 그 당시에 독일에서 가장 영향력이 컸던 사상가인 헤겔과 같은 철학자들도 자신의 철학을 기독교의 가르침을 철학적으로 해석한 것으로 간주했을 정도죠. 그러나 쇼펜하우어는 철학에 종교적인 이념을 끌어들이는 것을 기성 종교 권력에 대한 아부로 보면서 단호하게 거부합니다.

쇼펜하우어는 '선하고 전지전능한 신이 이 세계를 창조했다'라는 주장부터 헛소리로 간주합니다. 선한 신이 창조했다면 이 세상에 이토록 악이 난무할 리가 없고 고통의 울부짖음이 끝없이 이어질 리가 없다는 것이죠. 쇼펜하우어는 자신의 철학을 현실에 대한 냉정한 관찰에 입각하여 전개합니다. 그리고 그는 솔직하게 인정합니다. 사는 게 고통이라고. 인간뿐 아니라 모든 생명은 태어나면서부터 생존 경쟁의 바다에 던져지고 자신보다 강한 자들에게 먹힐까 항상 불안과 공포 속에서 살아간다고. 그나마 그러한 불안과 공포에서 벗어나 평온을 누리는가 하면 얼마 지나지 않아 회색빛 권태에 짓눌린다고 말이죠.

물론 그렇다고 해서 쇼펜하우어가 인생과 세계의 참상을 폭로하는 데만 그치는 것은 아닙니다. 그는 고통의 원인과 그 극복 방안을 냉정하게 탐구합니다. 바로 이러한 쇼펜하우어의 철학적 입장과 탐구 방식에 수많은 한국인이 공감을 느끼는 것은 아닌가 생각합니다.

명쾌하지만 심오한 철학자, 쇼펜하우어의 잠언들

이 책은 인간과 인생에 대한 쇼펜하우어의 예리하고 심원한 통찰을 담은 주옥같은 잠언들을 모은 책입니다. 그의 잠언들을 읽으면 누구나 인간과 인생의 본질적인 사실들을 간단명료한 문장 몇 마디로 표현하는 쇼펜하우어의 탁월한 능력에 감탄하지 않을 수 없을 것입니다. 우리는 흔히 철학자라고 하면 일반인들이 이해할 수 없는 난해한

이야기를 하는 사람들로 생각하는 경향이 있습니다. 사실 헤겔이나 하이데거 그리고 들뢰즈를 비롯한 많은 철학자가 그렇게 난해하게 글을 쓰기도 하죠. 그러나 쇼펜하우어의 글은 명쾌합니다.

니체는 "명쾌한 철학자야말로 심오한 철학자"라고 말한 적이 있지만, 저는 쇼펜하우어야말로 명쾌하면서도 심오한 철학자라고 생각합니다. 철학자들 대부분이 건조한 문체를 구사하는 것에 반해, 쇼펜하우어의 문장은 명문으로 꼽힐 정도로 기상천외의 위트와 유머 그리고 풍자 등으로 빛나고 있습니다. 삶을 꿰뚫는 시각을 갖춘 그의 문장은 지금의 독자들까지도 매료시키고 있는 것입니다.

우리는 보통 삶에 쫓기면서 삽니다. 그러다 보니 삶의 크고 작은 문제에 빠져서 인생을 전체로서 생각해 볼 여유를 갖지 못합니다. 다시 말해 우리는 인간이란 어떤 존재인지, 삶의 고통은 궁극적으로 어디서 비롯되는 것인지, 행복이란 무엇이고 행복해지기 위해서는 어떻게 살아야 하는지와 같은 근본적인 물음들에 대해서 생각해 보지 못하는 것입니다.

철학은 눈앞의 문제들에만 빠져 허우적거리는 우리에게 인생 전체에 대해서 거리를 취하게 하면서 생각하게 하는 학문입니다. 쇼펜하우어의 잠언들 역시 그 하나하나가 철학적인 통찰에 빛나는 잠언들로서 우리로 하여금 삶을 전체로서 돌아보게 하는 힘을 갖고 있습니다. 독자들이 이 잠언들을 필사하면서 쇼펜하우어와 함께 자신의 삶을 돌이켜볼 시간을 갖기를 바랍니다. 그리고 이와 함께 자신의 삶에 명료함과 깊이를 부여할 수 있기를 기대해봅니다.

누구에게도 굴복하지 않았던 쇼펜하우어의 삶

쇼펜하우어는 1788년 2월 22일 지금은 폴란드 영토지만 당시에는 프로이센의 영토였던 단치히Danzig에서 태어났습니다. 아버지는 부유한 상인이었고, 어머니는 1810년대 말부터 1830년대 초까지 독일에서 가장 유명한 여류작가였을 정도로 지적인 여성이었죠. 어머니는 사교를 좋아하는 자유분방한 명랑한 성격이었던 반면에, 아버지는 고지식하고 우울한 성격이었다고 합니다. 이러한 성격 차이로 인해 두 사람의 관계는 그다지 좋지는 않았던 것 같습니다.

성격적으로 아버지와 비슷했던 쇼펜하우어는 평생 아버지는 존경했지만 어머니를 싫어했습니다. 어머니 역시 인생에 대해서 끊임없이 부정적인 언사를 일삼았던 쇼펜하우어를 견딜 수 없어 했고요. 아버지가 자살로 추정되는 죽음을 맞은 후에, 쇼펜하우어와 어머니의 관계는 더욱 악화되었습니다. 쇼펜하우어는 아버지가 병이 들었을 때 제대로 돌보지 않은 어머니가 아버지의 죽음에 책임이 있다고 생각했던 것이지요. 쇼펜하우어의 여성 혐오의 상당 부분은 어머니와의 불화에서 비롯되었다고 볼 수 있고, 아울러 쇼펜하우어가 염세주의자가 된 것도 그다지 밝지 않았던 가정 분위기에서 찾을 수 있을 것 같습니다.

아들이 상인이 되기를 바랐던 아버지는 쇼펜하우어가 상인이 되는 조건으로, 15세였던 쇼펜하우어에게 유럽 여행을 제안합니다. 쇼펜하우어는 유럽 여행을 하고 싶은 욕망 때문에 아버지의 제안을 받아들였고 여행을 하면서 세계에서 일어나고 있는 갖가지 참상을 직접 목격하게 되죠. 그는 무엇보다도 프랑스 툴롱Toulon에서 갤리선에서 노를 젓는 6천여 명의 흑인 노예를 감금해 놓은 곳을 보면서 큰 충격을 받았습니다. 그는 그곳이 단테가 묘사하고 있는 지옥과 흡사하다고 느꼈던 것이죠. 이러한 경험들과 함께 쇼펜하우어는 그의 나이 불과 17세에 인생을 고통으로 가득찬 것으로 보게 되었습니다.

유럽 여행을 마친 후 쇼펜하우어는 아버지의 뜻에 따라서 함부르크에 있는 상점의 직원이 되었지만 사실은 철학자가 되고 싶어 했습니다. 쇼펜하우어가 17세일 때 아버지가 세상을 떠나자, 쇼펜하우어는 본격적으로 학문의 세계에 뛰어들게 됩니다. 쇼펜하우어는 26세부터 4년 동안 《의지와 표상表象으로서의 세계Die Welt als Wille und Vorstellung》를 저술하는 데 몰두했으며 이 책을 1819년에 발간했습니다.

그러나 이 책은 거의 주목을 받지 못했고 출판된 지 16년이 지난 뒤 대부분이 헐값으로 팔렸을 정도였습니다. 세상 사람의 이러한 무관심에도 불구하고, 출간 직후 이 책을 쇼펜하우어에게서 증정받았던 괴테는 이 책을 단숨에 읽은 후 "위대한 책"이라고 찬사를 했다고 합니다.

쇼펜하우어는 칸트 이후 독일의 철학계를 지배했던 피히테나 셸링 그리고 헤겔을 사기꾼으로 취급했을 정도로 자신의 철학에 대한 자부심이 컸던 사람이었습니다. 그가 당대에 인기를 구가하고 있던 헤겔과 동일한 시간대에 강의를 개설했다가 참패를 맛보았다는 사건은 잘 알려져 있지요. 거의 모든 학생이 헤겔의 강의로 몰렸고, 쇼펜하우어는 오랫동안 무명의 쓰라림을 맛보았습니다.

그러나 63세라는 늦은 나이에 발간한 《소품과 부록Parerga und Paralipomena》이라는 수필집이 영국의 한 신문에서 주목받게 되고 이 기사를 독일의 한 신문이 번역해 실으면서 쇼펜하우어는 하루아침에 유명해졌습니다. 심지어 쇼펜하우어가 산책 중에 넘어져 다친 사건까지도 당시 그가 살던 프랑크푸르트의 지역 신문에서 보도할 정도로 쇼펜하우어의 유명세는 커진 것입니다. 쇼펜하우어는 자신을 다루는 모든 신문 기사를 찾아서 탐독했다고 합니다. 그가 70세가 되던 해 생일에는 세계 곳곳에서 축사가 올 정도로 쇼펜하우어는 세기의 철학자가 되었습니다. 염세주의자였던 그는 말년에는 거의 낙천주의자처럼 보일 정도로 자신의 삶에 만족했습니다.

쇼펜하우어는 자신이 존경했던 아버지를 제외하고는 어머니를 비롯한 주위 사람들과 끊임없이 마찰을 빚었던 까다롭고 괴팍한 성격의 소유자였습니다. 쇼펜하우어는 항상 피스톨을 장전해 두었으며, 밤에 소음이 들리면 침대에서 벌떡 일어나 검과 피스톨을 잡았습니다. 이뿐 아니라 파이프를 잘 지키기 위해 자물쇠를 채워 두었으며, 이발소에서도 절대로 목덜미에 면도날을 대지 못하게 했다고 합니다.

쇼펜하우어의 한 지인에 따르면, 쇼펜하우어는 사람들과 대화할 때도 탁자 앞에 다리를 꼬고 앉아서는 지독히 신랄한 조롱을 퍼부어서 분위기를 망쳤다고 합니다. 그러나 모두 그의 말발에 주눅이 들어 감히 누구도 반박한 엄두를 못 냈다고 하고요. 이렇게 까다롭고 괴팍한 사람이었지만 죽음의 길은 평안했던 것 같습니다. 1860년 72세의 나이로 쇼펜하우어는 소파에 앉아서 평온한 모습으로 죽게 됩니다.

니체, 프로이트, 바그너⋯ 철학과 예술 전반의 쇼펜하우어 사상의 수혜자들

쇼펜하우어의 영향을 받은 철학자 중에서 가장 유명한 사람은 니체입니다. 니체는 대학생 때 우연히 고서점에서 쇼펜하우어의 《의지와 표상으로서의 세계》를 구매하곤 2주일 동안 침식을 잊을 정도로 이 책에 몰입했다고 하지요. 니체는 쇼펜하우어 사상에서도 많은 감화를 받았지만, 국가 권력이나 종교 권력을 두려워하지 않는 그의 독립적이고 용기 있는 삶을 존경해 마지않았습니다. 니체는 쇼펜하우어에 대해서 이렇게 말했습니다.

그가 가르친 것은 사라졌어도
그가 살았던 삶은 사라지지 않으리라.
이 사람을 보라.
그는 누구에게도 굴복하지 않았다.

니체 외에도 헨리 데이비드 소로, 에머슨, 베르그송, 존 듀이, 윌리엄 제임스, 비트겐슈타인과 같은 철학자들, 그리고 프로이트와 융을 비롯한 심리학자들이 쇼펜하우어에게서 영향을 받았음은 많은 이들이 알고 있는 사실이죠. 음악계에서는 바그너가 쇼펜하우어로부터 지대한 영향을 받았지만, 구스타브 말러도 쇼펜하우어의 열광적인 추종자였습니다.

쇼펜하우어는 무엇보다도 문학계에 가장 큰 영향을 끼쳤다고 볼 수 있습니다. 러시아에서는 톨스토이, 투르게네프, 도스토옙스키, 체

호프, 프랑스에서는 에밀 졸라, 모파상, 앙드레 지드, 프루스트, 사무엘 베케트, 영국에서는 토머스 하디, 조지프 콘래드, 버나드 쇼, 서머싯 몸, 독일에서는 토마스 만, 헤르만 헤세, 체코에서는 카프카, 이탈리아에서는 피란델로, 아르헨티나에서는 보르헤스가 쇼펜하우어의 영향을 받았습니다. 또한 릴케와 T. S. 엘리엇과 같은 시인들에서도 쇼펜하우어의 영향을 찾아볼 수 있지요. 철학자가 문학계에 이렇게 폭넓게 영향을 끼친 예는 니체를 제외하고는 찾아볼 수 없습니다.

앙드레 지드는 자신이 철학에 관심을 갖게 된 것은 오로지 쇼펜하우어 덕분이며, 사람들이 쇼펜하우어보다 헤겔을 더 높이 평가하는 것은 황당한 일이라고 말했죠. 톨스토이는 쇼펜하우어를 위대한 천재라고 부르면서, 쇼펜하우어가 잘 알려지지 않은 것은 쇼펜하우어가 말했듯이 이 세상이 하찮은 인간들로 가득 차 있기 때문이라고 말했을 정도입니다.

인생은 고통과 권태 사이에서 오락가락하는 시계추다

쇼펜하우어는 염세주의 철학자답게 악의적이라고 생각될 정도로 우리 인생과 세계의 어두운 면을 집요하게 드러냈습니다. 쇼펜하우어는 우리 인간을 구제 불능일 정도로 이기적인 탐욕에 사로잡힌 존재로 보며, 세계 역시 뭇 생명이 생존을 위해서 치열하게 투쟁하는 장소로 그리고 있습니다. 쇼펜하우어만큼 우리 인생과 세계의 어두운 면을 철저하게 폭로한 철학자는 없었던 것이죠.

우리는 일이 뜻대로 풀리지 않을 때 고통을 느낍니다. 대학 입시에 떨어졌을 때, 취업이 뜻대로 안 될 때, 사업에 실패했을 때, 사랑하는 이성이 자신의 사랑을 받아주지 않을 때 우리는 괴로움을 느낍니다. 이런 일들이 계속해서 일어나다 보면 우리는 산다는 것 자체를 고통이라고 느끼게 되죠.

그러나 쇼펜하우어는 설령 모든 일이 뜻대로 이루어져도 인생은 고통이라고 보았습니다. 모든 일이 뜻대로 이루어지면 우리는 평온한 행복감을 느끼기보다는 오히려 권태를 느끼게 된다는 것이죠. 우리는 종종 무엇 하나 부족함이 없을 것 같은 유명 인사들이 마약이나 도박 혹은 성추행이나 성폭력 등으로 언론에 오르내리는 것을 봅니다. 사람들이 이렇게 한순간에 추락하는 근본적인 원인 중의 하나는 권태입니다. 이들은 권태에서 벗어나기 위해 무언가 자극적인 것을 찾아 나선 것입니다. 인생은 채워지지 않은 욕망으로 인해 느끼는 고통과, 욕망의 충족 이후에 들어서는 권태 사이를 오락가락하다가 죽음으로 끝나는 것에 불과한 것입니다.

이러한 삶의 실상은 아이들이 노는 모습을 보면 극명하게 드러납니다. 아이들은 장난감을 갖고 싶은 욕망에 사로잡혀 부모를 졸라서 간신히 얻지만 행복감은 오래가지 않습니다. 아이는 얼마 안 가 싫증을 느끼고 권태에 빠지거나 새로운 장난감에 대한 욕망에 사로잡히게 됩니다.

그런데 아이들만 그럴까요? 성인들의 삶도 본질적으로는 동일하지 않은가요? 욕망의 대상이 장난감이나 인형에서 좋은 대학이나 직장, 큰 부, 큰 집, 매혹적인 이성, 명예, 높은 직위 등으로 바뀔 뿐 욕망과 권태 사이에서 오락가락하는 것은 같지 않을까요? 그토록 갖고 싶어 했던 집이었지만 그것을 소유한 후 몇 달만 살아도 우리는 그것에 아무런 감흥도 느끼지 못하게 됩니다. 우리는 얼마 안 가 자기 집과 주위의 더 멋있는 집을 비교하면서 새로운 욕망에 사로잡히죠. 또한 온갖 반대를 무릅쓰고 결혼할 정도로 깊이 사랑했던 두 남녀도 막상 결혼해서 함께 살다 보면 머지않아 서로에 대해 권태를 느끼게 되는 것이고요.

삶의 고통에서 벗어나는 길

우리는 보통 고통의 원인을 외부에서 찾습니다. 특히 자신의 고통을 남의 탓으로 돌릴 때가 많죠. 부모가 가난해서, 남편이 혹은 아내가 결함이 많아서, 자식이 공부를 안 하고 게임만 해서 등등. 고통의 원인이 외부에 있다고 생각하다 보니 우리는 온통 외부에 대한 불만에 싸여 있게 됩니다.

그러나 쇼펜하우어는 고통의 원인은 우리가 '욕망의 존재'라는 데 있다고 보았습니다. 우리의 욕망은 한이 없기에 아무리 많이 가져도 결핍감에 시달리게 되는 것입니다. 자녀가 시험에서 90점을 받아와도 부모는 100점을 받은 학생과 비교하면서 불안해하고, 연봉이 올라도 나보다 더 높은 연봉을 받는 친구 때문에 괴로워합니다.

우리가 욕망의 존재라는 데서 고통이 비롯된다면 고통에서 벗어날 수 있는 길은 욕망에서 벗어나는 것 외에는 존재하지 않는 것입니다. 쇼펜하우어는 인간의 이성은 욕망의 지배를 받기도 하지만 욕망을 통제하고 더 나아가 욕망을 부정할 수도 있다고 말하고 있습니다.

우리의 욕망으로 인해 삶의 본질은 고통이라는 것. 쇼펜하우어는 이러한 사실을 우리에게 환기함으로써 오히려 더 나은 삶을 살 수 있도록 하며, 뜻밖의 위안을 전하고 있습니다.

...

삶은 추악한 것이다. 나는 그것에 대해서 숙고하는 것으로
내 생애를 보내기로 결심했다.

쇼펜하우어가 이런 결심을 한 것은 그의 나이 23세 때였습니다. 이런 결심에 따라, 쇼펜하우어는 세계와 인생의 어두운 면을 철저하게 폭로하면서 세상과 인생에 대한 가장 현실적인 통찰을 남겨 놓았고, 뿐만 아니라 우리를 고통에서 벗어나게 해줄 수 있는 여러 방법을 제시하고 있습니다. 이백 년이 지난 이 시점에도 우리가 쇼펜하우어를 다시 소환하는 이유는, 그의 명쾌한 조언과 삶의 철학이 여전히 필요하기 때문일 것입니다.

박찬국

차례

1부

어떤 인간으로 존재하느냐가
행복을 결정한다

행복해지고 싶을 때

우리가 사는 이 세계는 대체 뭘까요?

왜 이토록 내 뜻대로 되지 않을까요?

우리가 바라는 행복을 언젠간 손에 잡을 수 있는 걸까요?

"어떤 곳인지도 전혀 모르고 들어온 이 험난한 곳이
곧 우리의 인생이다."

이백 년 전 쇼펜하우어는 말합니다.

그래서 인생이란,

알 수 없는 이 세계에서

어떻게든 끝마쳐야 하는 힘든 과제와 같은지도 모릅니다.

그저 오늘도 그 인생이란 것을 잘 견뎌낼 뿐입니다.

그저 오늘도

해야 할 일이라면 기꺼이 하고,

견뎌야 하는 일이라면 기꺼이 견뎌내는 것.

그뿐입니다.

'어떤 인간으로 존재하는가'가 '얼마나 많은 부를 갖고
있는가'보다 행복을 위해서 더 중요하다.
이는 분명한 사실임에도 사람들은 정신적 수양보다는
부의 획득에 몇천 배의 힘을 기울인다.

어리석은 사람들은 부를 얻을 수만 있다면 자신의 욕망을 완전히
충족시킬 수 있다고 믿는다. 그러나 부를 기쁨으로 바꿀 줄
모른다면, 아무리 많은 재산을 소유해도 쓸데없다.
부를 기쁨으로 바꾸려면 교양과 지혜가 필요하다.
찰나적인 관능적 욕망을 추구하는 것은 결코 장기적인 만족을
주지 못한다.

가장 직접적으로 인간을 행복하게 해주는 것은 명랑한 마음이다.
명랑한 마음은 그 어떤 것과도 바꿀 수 없는 것이며, 그 모든
것을 보충하고도 남음이 있다. 젊고 아름답고 부유하고 게다가
존경까지 받는 사람일지라도 그가 행복한가 불행한가는
명랑한 마음을 갖고 있는지 여부에 달려 있다.
반면에 어떤 사람이 명랑한 마음만 가지고 있으면
그가 젊든 늙었든, 키가 크든 작든, 부자든 가난뱅이든
그는 행복한 인간이다.

건강은 모든 외적인 재화보다 중요한 것이기에,
아무리 가난한 거지여도 병에 걸린 왕보다 행복하다.

사람들이 만나면 먼저 상대방의 건강을 묻고
서로의 건강을 빌면서 헤어지는데, 이는 당연한 일이다.
건강이야말로 인간의 행복에 가장 필수적인 것이기 때문이다.
따라서 재물이나 승진·학식·명성, 그리고 육체적 향락이나
찰나적인 쾌락을 위해 건강을 해치는 것은 가장 어리석은 짓이다.
그 모든 것보다 건강을 우선해야 한다.

훌륭한 건강과 체질에서 비롯되는 침착하고 명랑한 기질,
명석하고 민첩하고 또한 예리하고 정확한 지성, 절도 있고 온화한
의지와 이에 따르는 선량한 양심은 결코 어떤 지위나 재물과도
바꿀 수 없다. 왜냐하면 그것들은 우리 자신에게 속해 있어서
아무리 고독한 장소에서도 우리를 따라오는 것이기 때문이다.
따라서 그것들은 재산이나 남들의 눈에 비치는 것에 지나지 않는
미덥지 못한 사회적인 평판이나 명성보다 훨씬 더 소중하다.

인간이 시기심을 갖는 것은 자연스러운 것이다. 그러나 시기심은 악덕임과 동시에 우리를 불행하게 만든다. 따라서 우리는 시기심을 행복의 적이자 악마로 간주하면서 그것을 근절하려고 노력해야 한다. 세네카는 다음과 같은 아름다운 말로 가르침을 주고 있다. '우리는 자신과 다른 사람을 비교하지 말고 자신이 가진 것에 만족하고 감사해야 한다. 자신보다 행복한 사람 때문에 고통받는 사람은 결코 행복할 수 없다.'

불쾌한 일을 사소한 일로 취급하면서 무시하는 것은

행복한 삶을 위한 훌륭한 방법이다.

후회란 자신을 고문하는 것이다.

정신력이 빈약한 자들의 공허한 내적인 상태와 권태감에서 온갖
사교·기분 풀이·오락·사치에 대한 욕구가 생겨났다. 그러나
이런 것들은 많은 사람을 낭비와 비참한 상태로 몰아넣는다.
이러한 비참한 상태에서 우리를 벗어나게 하는 것으로 내적인
부귀, 즉 정신의 풍요보다 좋은 것이 없다. 그것이 커지면
커질수록 권태가 남아 있을 여지가 없다. 사고의 무한한 활동,
외적 또는 내적으로 일어나는 현상에 따라서 끊임없이 새롭게
행해지는 사고의 유희, 생각들을 항상 다르게 결합하게 하는 힘과
충동은 뛰어난 정신을 권태에서 벗어나게 해준다.

오직 현재만이 실재하며 확실한 것이라는 사실을 절대로
잊어서는 안 된다. 따라서 과거에 대한 불평으로 혹은 미래에
대한 걱정으로 현재의 귀중한 시간을 허비하는 것은 매우
어리석은 일이다.

성공하고 싶다면 원하는 바를 이뤄라.

하지만 행복하고 싶다면 지금 가진 것을 즐겨라.

언제 닥칠지 모르는 일 때문에 마음의 평화를 잃을 필요는 없다.

우리는 불행한 일이 절대로 일어나지 않을 것으로 생각하거나,

적어도 지금 당장은 일어나지 않을 것으로 생각할 필요가 있다.

인생이란 어떻게든 끝마쳐야 하는 힘든 과제와 같다.

해야 할 일이라면 기꺼이 하고,

견뎌야 하는 일이라면 기꺼이 견뎌내라.

절도 있고 온화한 선량한 인간은 빈천한 환경 속에서도
만족하지만, 탐욕스럽고 시기심 많은 악한 인간은 아무리 풍족한
환경 속에서도 만족할 줄 모른다. 세상 사람들이 열렬히 누리고
싶어 하는 쾌락 대부분은 정신적으로 뛰어난 비범한 개성의
소유자에게는 쓸데없을 뿐 아니라 해롭고 번거로운 것으로
느껴질 뿐이다.

행복을 위해 가장 필요한 것은 현명함 다음으로 용기다.

용감하게 살아라.

용감하게 가슴을 펴고 운명의 타격에 맞서라.

지나친 기쁨이나 지나친 슬픔은 현재의 상황 때문이 아니라
미래에 대한 잘못된 예상에서 생긴다. 따라서 지나친 기쁨과
슬픔은 항상 오류와 미망 때문에 생긴다. 지나친 기쁨은, 실제로는
찾을 수도 없는 그 무엇을 삶에서 얻어낸 것처럼 생각하는
미망에서 비롯되는 것이다. 다시 말하면 마음을 괴롭히는
소망들이나 관심들을 영구적으로 만족시킬 수 있는 것을 갖게
되었다는 그릇된 생각에서 비롯된다. 나중에야 이런 헛된 꿈에서
깨어나기 마련이지만, 이 헛된 꿈이 사라지면 기쁨이 컸던 만큼
격렬한 실망과 고통이 자리하게 된다.

만일 어떤 사람의 상태를 그 사람이 행복한 정도에 따라
평가하려고 한다면, 무엇이 그 사람을 만족시키고 있는 것이
아니라 무엇이 그 사람을 슬프게 하고 있는가를 기준으로 삼아야
한다. 어떤 사람을 슬프게 하는 것이 사소한 것이면 사소한
것일수록 그 사람은 행복하다. 행복한 상태일 때 우리는 사소한
고통에도 민감하다. 큰 불행을 겪고 있을 때는 사소한 고통은
전혀 감지하지 못한다.

어리석은 사람은 쾌락을 원하고,

현명한 사람은 고통이 없기를 바란다.

노년에 이르러서야 비로소 우리는 호라티우스가 말한 '어떤 것에도 놀라지 않는다'라는 경지를 알게 된다. 곧 이 세상의 모든 사물이 허망한 것이며 이 세상의 모든 화려한 것은 공허하다고 굳게 확신하게 되는 것이다. 망상은 사라져 버린다. 심신의 고통에서 해방되어 있을 때 노인은 자신이 항상 느끼는 행복보다 더 큰 특별한 행복이 어딘가에 있으리라고 믿지 않는다.

정신적인 교양이나 지식도 없고 정신적인 일에 몰두할 수 있는
흥미도 갖지 못한 많은 부자가 불행하게 느낀다.
부가 순수한 자연적인 욕구를 충족시키는 한계를 넘어서
무언가를 할 수 있다면 인간의 쾌감에 다소 영향을 끼칠 수
있다는 정도일 뿐이다.
그러나 이러한 쾌감마저도 거대한 부를 지키는 데
불가피하게 따르는 수많은 걱정거리로 인해 무너져 버린다.

부는 마시면 마실수록 갈증을 느끼게 되는 바닷물과 같다.

이는 명예도 마찬가지다.

우울한 인간은 열 가지 계획 중 아홉 가지가 성공하더라도

아홉 가지의 성공에는 관심이 없고 한 가지 실패에 화를 낸다.

명랑한 인간은 열 가지 계획 중 아홉 가지가 실패하고

한 가지만 성공해도 그것에 만족하고 즐거워한다.

언젠가 옛 서적을 뒤적이다가 '많이 웃는 자는 행복하고 많이
우는 자는 불행하다'라는 글을 보았다. 우리는 명랑함이 들어올
수 있도록 항상 문을 활짝 열어놓지 않으면 안 된다. 명랑함이
들어와서는 안 되는 때란 없기 때문이다.

내 안에서 찾아낸
진정한 행복

쇼펜하우어는 염세주의자입니다. 그렇다고 해서 그는 행복이 불가능하다고 보지는 않았습니다. 쇼펜하우어는 우리의 행복이나 불행을 좌우하는 것은 부나 명예와 같은 외적인 요인들보다는 성격이나 정신적인 수준과 같은 내적인 요인이라고 봅니다. 물론 쇼펜하우어도 행복을 위해서는 남에게 의지하지 않을 정도의 물질적인 부나 뭇사람들에게 손가락질당하지 않을 정도의 평판은 중요하다고 보았습니다. 다만 이러한 최소한의 조건들이 갖추어져 있을 경우에는, 외적인 요인들보다는 내적인 요인들이 우리가 행복하게 되는 데 더 중요하다는 것입니다.

쇼펜하우어가 이렇게 생각하는 것은 세계는 결국 우리의 정신에 나타난 세계이기 때문입니다. 다시 말해 세계는 우리의 성격이나 정신의 수준에 따라서 달리 보이는 것입니다. 인간은 피부에 싸여 있듯이 자신의 정신 속에 갇혀 있습니다.

쇼펜하우어는 행복을 위해서 가장 필요한 내적인 요인을 명랑한 성격이라고 봅니다. 명랑하고 낙천적인 성격의 소유자는 매사를 긍정적으로 보지만, 우울하고 비관적인 성격의 소유자는 매사를 부정적으로 봅니다. 명랑한 성격 다음으로 행복을 위해 필요한 것으로 쇼펜하우어는 건강을 듭니다. 건강한 거지는 병든 제왕보다 더 행복합니다. 건강은 우리가 명랑한 마음을 유지하기 위해서 절대적으로 필요합니다. 아무리 재산이 많이 있어도 아파서 몇 년 동안을 병석에 누워 있는 사람은 행복할 수 없다고 보는 것입니다.

사람들은 성격에 따라서 세계를 달리 보고 경험하지만, 또한 정신의 수준에 따라 세계를 달리 보고 경험하기도 합니다. 동일한 세계라도 시적인 감수성이 결여된 사람에게는 빈약하고 따분한 세계로 보이는 반면에, 시적인 감수성이 풍부한 사람에게는 풍성하고 아름다운 것으로 보입니다. 괴테나 바이런 같은 시인들은 일반인들이 아무런 관심도 갖지 않는 것들을 탁월한 직관과 상상력에 의해 아름답게 경험하고 표현할 수 있었습니다.

우리가 불행하게 되는 중요한 요인 중 하나는 비교의식입니다. 자신보다 나은 조건을 갖춘 사람과 자신을 항상 비교하게 되면 우울해질 수밖에 없을 것입니다. 따라서 행복을 위해서 자신보다 못한 처지에 있는 사람들을 생각하면서 자신의 처지에 만족할 필요가 있습니다.

또한 쇼펜하우어는 참된 행복을 위해서 행복을 추구하기보다는 고통이 없는 상태를 추구해야 한다고 말합니다. 우리는 배고프고 목마른 상태는 의식하지만, 그렇지 않은 상태는 의식하지 못합니다. 걱정은 의식하지만, 걱정이 없는 상태는 의식하지 못합니다. 구속은 강하게 의식하지만, 자유는 의식하지 못합니다. 이렇게 행복보다는 고통이 강하게 의식되기 때문에, 우리는 행복해지려고 노력하기보다는 고통을 최소한으로 줄이고, 가능한 한 제거하려고 노력해야 합니다.

행복한 인생이란 '고통이 없어 견딜 만한 인생'입니다. 이런 의미에서 현명한 사람은 순간의 강렬한 쾌락보다는 단조로운 삶이라도 차라리 고통이 없기를 바랍니다. 우리는 유명 인사들이 순간의 강렬한 쾌락을 추구하다가 평생 고통스럽고 수치스러운 삶을 살아야 하는 운명으로 전락하는 것을 보곤 합니다. 쇼펜하우어는 이들이 찰나적인 쾌락보다는 고통 없는 삶을 추구했다면 그런 일은 없었을 것이라고 말합니다.

건강과 함께 욕심과 시샘에서 벗어나 있는 명랑한 마음, 선량한 양심, 분별력 있는 지성을 가진 사람은 행복합니다. 이것들은 우리 자신에게 속해 있어서 어느 누구도 빼앗을 수 없는 것이기도 합니다. 그렇기 때문에 물질적인 부와 같은 외적인 것들보다 훨씬 더 소중한 것입니다.

2부

고독 속에서 모든 인간은
자기 자신으로 되돌아온다

사는 게 외로울 때

우리는 너무 쉽게 외로워집니다.

종종
외로움이 찾아오는 날이면
어떻게든 쫓아내려고 무엇이든 합니다.

늘 외롭습니다.
심지어 누군가가 곁에 있음에도 말이죠.

그래서

더 많은 이와,
더 가까워지고 싶어서,
부단히 애를 씁니다.

하지만 고슴도치와 같은 우리는
서로 가까워질수록 상처받게 됩니다.
미움과 원망이 커집니다.

외로워도 됩니다.

기꺼이 외로워져도 괜찮습니다.

우리는 홀로 있을 때 비로소 나 자신이 됩니다.

더 충만하고 행복할 수 있습니다.

고독은 뛰어난 정신을 지닌 자의 운명이다.

인간은 홀로 있을 때만 자기 자신으로 있을 수 있다.

고독을 사랑하지 않는 자는 자유를 사랑하지 않는 자다.

왜냐하면 인간은 혼자 있을 때만 진정으로 자유롭기 때문이다.

고독 속에서 모든 인간은 자기 자신으로 되돌아온다.

따라서 홀로 있을 때 하나의 인간이 어떤 존재인지가

잘 드러난다.

홀로 있을 때 어리석은 자들은 아무리 멋진 옷을 입고 있어도

자신의 비참한 개성의 무거운 짐에 짓눌려 한숨을 쉰다.

그러나 탁월한 정신의 소유자는 아무리 황량한 환경에

처하더라도 자신의 사고로 활기를 띤다.

세르반테스는 감옥 속에서 《돈키호테》를 썼다.

인간이 타인들과 사귀는 이유는, 사교를 좋아해서가 아니라
고독을 두려워하기 때문이다.

다른 사람들에게 결코 많은 것을 기대해서는 안 된다.

인간이 타인에게 베풀 수 있는 것은

매우 적은 범위에 한정되어 있다.

결국 인간은 누구나 홀로 있을 수밖에 없는 것이다.

따라서 홀로 있을 때 자신이 어떤 상태인가가 가장 중요하다.

'행복은 자기 자신에게 만족하는 자에게만 있다'라는
아리스토텔레스의 말은 맞다. 외부에서 오는 행복과 쾌락은
모두 불안정하고 덧없고 우연에 지배되는 것이기 때문에
아무리 좋은 상황에서도 쉽게 사라져 버릴 수 있다.

정신이 저열하고 빈곤한 자들의 행복은 감각적인 쾌락이나
평범한 가정생활이나 유치한 사교 등에서 얻는 즐거움을
넘어서지 못한다. 이에 반해 가장 고상하고 미묘하고 오래
지속되는 쾌락은 소수의 정신적인 귀족에게만 허용된다.
이런 쾌락은 그것을 즐길 수 있는 정신 능력을 갖춘 사람만이
누릴 수 있다. 이렇게 정신이 풍부한 사람은 아무리 고독한
곳에서도 독서를 하거나 사색하면서 기쁨을 누릴 수 있다.
그러나 정신이 빈약한 인간은 언제나 많은 인사와 교제하거나
연극을 구경하고 여행하고 세속적인 향락에 젖더라도,
그림자처럼 따르는 권태에서 벗어날 수 없다.

누구나 일반적으로 자기 자신하고만 완전하게 일치할 수 있다.
친구나 애인과는 그렇게 될 수 없다. 각자의 개성이나 기분이
서로 다르기 때문에 다른 사람과의 관계에서는 아무리 적은
것이라도 불협화음이 생기기 때문이다.
따라서 건강 다음으로 최고의 보배인 마음의 참되고 깊은
평화와 완전한 평온은 오직 고독 속에서만 발견할 수 있다.

그릇이 크고 깊은 사람일수록 혼자 있을 때
더욱 큰 기쁨과 행복을 느낀다.

인간은 고슴도치 같은 존재다.

따라서 너무 가까이하면 위험하고 그렇다고 해서

모두를 멀리하면 춥고 외롭다고 느낀다.

사교나 사람들의 모임은 '불'과 비교될 수 있다.

현명한 자는 적당한 거리에서 몸을 녹인다.

그러나 어리석은 자는 불 속에 손을 집어넣는다.

이렇게 불에 데고 나서는 추운 고독 속으로 도망가

불이 뜨겁다고 징징거린다.

라 브뤼에르 Jean de La Bruyère도 '모든 재난은 혼자 있을 수 없는 데서 생긴다'라고 말했다. 사교에 대한 욕망은 위험한, 아니 파멸로 이끄는 욕망에 속한다. 이는 우리가 사교를 통해서 만나는 대다수 인간은 도덕적으로 저질이고 지성 면에서도 우둔한 인간들이기 때문이다. 비사교적인 인간이란 이런 무리를 필요로 하지 않는 사람이다. 자기 자신 속에 많은 것을 지니고 있기에 사교를 필요로 하지 않는다는 것은 큰 행복이다.

모든 인간은 정신적으로 빈곤하고 천박할수록 사교적이다.

정신력이 풍부한 인간은 무엇보다 고통이 없고 편안하며 한가한
생활을 위해 노력할 것이다. 위대한 정신의 소유자라면 그 위에
고독까지 찾게 된다. 자아가 풍부한 인간일수록 외부 세계에
요구하는 것이 적어진다.

정열이 없는 삶은 지루하고 시들하다.

그러나 정열이 지나치면 삶은 고통이 되기 쉽다.

따라서 정열과 욕망을 갖되 그것들의 노예가 되지 않을 정도로

지성의 여유를 가진 자만이 행복하게 될 수 있다.

고독과 고독 속에서 대면하는 자기 자신을 견디지 못하는 자들이
사교를 구한다. 누군가와 사귀려고 하거나 여행을 떠나는 것도 다
내적인 공허감과 자기 자신에 대한 염증 때문이다.

그들의 정신에는 자신 안에 운동을 일으키는 탄력이 없다.

따라서 그들은 술을 마셔 자신을 고양하려고 한다.

많은 사람이 그런 길을 걷는 사이에 술고래가 되어버린다.

상처받지도 않고
외롭지도 않게 살아가는 법

쇼펜하우어는 인간들 사이의 관계를 고슴도치들의 관계에 비유했습니다. 몸에 가시가 돋아 있는 고슴도치들은 가까이 있으면 서로를 찌릅니다. 우리 인간도 가까이 있으면 서로를 찌릅니다. 우리를 가장 많이 찌르는 사람은 보통은 우리와 가장 가까이 지내는 사람일 가능성이 큽니다. 부부, 자식이나 형제자매, 부모, 연인, 친구, 직장 상사와 동료들이 우리를 가장 많이 찌릅니다. 회사에서 사람들은 자기 부서 사람들보다는 다른 부서 사람들과 더 친하기 쉽습니다. 이는 자기 부서의 사람들과는 이해관계를 둘러싸고 서로를 찌르기 때문입니다.

가까운 사람들에게 이렇게 계속 찔리고 상처를 받다 보면 혼자 살고 싶어집니다. 한때 혼밥이나 혼술이 유행한 적이 있는데, 이것은 찔리는 데 지친 사람들이 택한 생존법입니다. 그런데 이렇게 혼자 살면 행복할 것일까요? 혼자 살게 되면 한동안은 홀가분하게 느끼겠지만, 얼마 지나지 않아 자신을 둘러싸고 있는 외로움의 한기에 떨게 됩니다.

단적으로 말해 인간은 혼자 있으면 외로움에 떨면서도, 함께 있으면 서로를 찌르는 고슴도치 같은 존재입니다. 찔리지 않으면서도 외롭지도 않을 수 있는 생존법은 없을까요? 찔리지도 않고 외롭지도 않게 '적당한 거리'를 지키면서 살면 되지 않을까요? 쇼펜하우어는 이렇게 적당한 거리를 마련해 주는 것이 '예의'라고 보았습니다. 즉 '서로 너무 가까이하지도 말고 너무 멀리하지도 않는 것'이 고슴도치 같은 우리 인간들이 그나마 서로 조화롭게 살 수 있는 방도라는 것입니다.

그러나 쇼펜하우어는 예의라는 것이 인간들 사이의 갈등을 줄이는 데는 도움이 되겠지만, 행복한 삶을 위해서 가장 좋은 것은 혼자 사는 것이라고 보았습니다. 우리가 아무리 예의를 지켜도 인간이 기본적으로 이기적인 존재인 한, 인간들 사이의 갈등은 불가피하고 우리는 다른 사람들과 관계하면서 상처를 입을 수밖에 없기 때문입니다.

따라서 쇼펜하우어는 가능하면 혼자 사는 것이 가장 좋다고 말합니다. 그런데 사람들 대부분은 혼자 살게 되면 외로움이나 공허감 그리고 권태에 시달리게 됩니다. 따라서 본래 남을 배려하고 위하는 마음이 별로 없는 사람이라도 혼자서 오랫동안 있게 되면 남들과 이야기를 나누면서 사귀고 싶어 합니다.

그러나 정신적인 수준이 높은 사람은 고독을 오히려 즐길 수 있습니다. 쇼펜하우어는 평생 결혼도 하지 않고 개 두 마리와 살았다고 하지만 외로움이나 권태에 시달리지 않았습니다. 그는 플라톤이나 칸트의 책을 통해 그들과 대화하고 또한 플루트를 불면서 음악을 즐겼습니다.

우리를 가장 힘들게 하는 것은 사실 인간관계인 경우가 많습니다. 따라서 정신적인 수준이 높은 사람에게 고독은 사람들과의 관계로 인해 시달리지 않고 자신만의 시간을 즐길 수 있는 좋은 기회입니다. 또한 고독은 우리가 세상의 소음에서 벗어나 참된 삶과 자기를 모색할 수 있는 시간이기도 합니다.

3부

쓸데없이 남을
부러워하지 마라

타인의 시선 때문에 괴로울 때

남들의 시선과 평판이 너무 신경 쓰이는 당신에게

쇼펜하우어는 말합니다.
우리는 '자기 자신의 피부 속'에서 사는 것이지
'타인의 견해 속'에서 사는 것이 아니라고요.

물론 우리는
내 목소리보다 남의 목소리가
더 잘 들리는 세상을 살고 있습니다.
하루 종일 평가, 비웃음,
하찮은 생각들로 가득한 남들의 목소리를 듣습니다.

남들과 같아지기 위해,
남들의 목소리에 알맞은 사람이 되기 위해,
노력하던 것들을 놔버리면 어떨까요?

나를 남과 비교하지 마세요.
나의 가치는 내가 결정합니다.

모든 불행은 타인과의 비교에서 시작된다.

우리는 남과 같아지기 위해 자신의 4분의 3을 잃는다.

자존감이 자신의 우월한 가치를 확신하는 것이라면,

허영심은 다른 사람들의 마음속에 그런 확신을 심어주려는

소망이다. 따라서 자존감이 내부로부터 발생하고

직접적으로 자기 자신을 높이 평가하는 것임에 반해,

허영심은 그런 존중을 외부로부터, 즉 간접적으로 얻으려는

노력이다. 따라서 허영심은 사람을 수다스럽게 만들고,

자존감은 침묵하게 만든다.

행복을 위해 가장 필요한 것이 건강이고, 그다음에 필수적인 것이 생계를 유지하는 데 걱정없을 정도의 수입이다.

명예·영광·지위·명성은 많은 사람이 그것에 아무리 큰 가치를 부여하더라도 건강과 생계를 위한 재물과 비교할 수가 없으며 그것을 대신할 수도 없다. 오히려 그것들은 필요한 경우에는 건강과 생계를 위해 거리낌없이 포기할 수 있는 것들이다.

따라서 사람들은 우선 '자기 자신의 피부 속'에서 사는 것이지 '타인의 견해 속'에서 사는 것이 아니라는 점을 통찰할 필요가 있다.

남들의 반응에 예속되어 있는 인간은 노예다.

자주적으로 생각하는 사람은 군주와 같다.

군주가 다른 사람의 명령을 인정하지 않는 것처럼,

자주적으로 생각하는 사람은 사상가도 남의 권위도

인정하지 않고 자신이 진실이라고 확인한 것 이외에는

인정하지 않기 때문이다. 이와 반대로 세상의 여러 가지

여론·권위·편견에 사로잡힌 비속한 두뇌의 소유자는

법률이나 명령에 묵묵히 복종하는 민중과 유사하다.

누군가에게 모욕당했을 때 당황해하면서 상대방의 평판에
흠집을 내고 자신에 대한 험담을 수습하려고 흥분하는 태도는
자존감이 없다는 증거다. 자신의 가치를 스스로 인정하는
사람은 어떤 모욕을 당해도 전혀 신경 쓰지 않을 것이다.
분노가 머리끝까지 타오르더라도, 있는 힘을 다해
현명하고 교양 있게 처신하라. 가장된 평정이라 해도
적어도 분노만큼은 감출 수 있을 것이다.

남의 눈에 자신이 어떻게 비칠까가 아니라
자기 자신의 가치를 올바르게 평가하는 것이
우리의 행복에 더 많이 기여한다.

인간이 끊임없이 노력하는 이유는 무엇 때문일까? 숱한 곤란과
위험을 무릅쓰면서까지 얻으려고 하는 것은 과연 무엇일까?
그것은 바로 타인으로부터의 좋은 평가다.
인간은 자신에 대한 타인의 견해를 호의적인 것으로
만들기 위해 에너지 대부분을 소모한다.
사회적 지위, 칭호, 훈장을 받으려는 노력은 물론이거니와
재산을 늘리고, 심지어는 학문과 예술에 쏟아붓는 노력까지
그 모든 게 궁극적으로는 사회적인 존경을 얻기 위한 것이다.
인간은 얼마나 어리석은 존재인가?

우리가 느끼는 온갖 비애와 걱정의 절반은
나에 대한 타인의 생각에 신경을 쓰는 데서 비롯된다.
만약 우리가 그런 것에 더 이상 신경을 쓰지 않는다면
사치는 지금의 10분의 1로 줄어들 것이다.

볼품없는 자가 뛰어난 자를 비웃는 것은
동서고금을 막론하고 흔한 일이다.

대다수 사람의 머리는 피상적이고 천박한 생각들, 편협한 개념들,

하찮은 신념, 불합리한 의견들, 오류 등으로 가득 차 있다.

이러한 사실을 충분히 인식하게 되면 우리는

다른 사람들이 나를 어떻게 보는가에 대해 무관심하게 된다.

나에 대한 다른 사람들의 견해에 큰 가치를 두는 것은

그들에게 지나치게 경의를 표하는 것이기 때문이다.

인간이 다른 사람들의 생각 속에 점유하고 있는 지위,

다시 말해 다른 사람들에게 어떻게 보이는가 하는 것(명예, 지위,

명성 등)은 일반적으로 지나치게 높이 평가된다.

등을 어루만져 주면 좋아하는 고양이처럼 인간은 다른

사람들로부터 칭찬을 듣거나, 특히 자기가 자랑으로 여기고 있는

것에 대해 칭찬을 받게 되면 그것이 거짓임을 알면서도 무척

기뻐한다.

다른 사람과 대화를 나눌 때, 아무리 호의에서 나온 말이라고

해도 그 사람을 고치려고 하는 지적은 삼가야 한다.

왜냐하면 사람들에게 상처를 주는 것은 쉽지만,

교화시키기는 어렵기 때문이다.

비난이나 칭찬에
한없이 약해지는 당신에게

'타인은 나의 지옥이다'는 말은 2차 대전 이후 50년대와 60년대를 풍미했던 프랑스의 철학자 사르트르의 말입니다. '타인은 나의 지옥이다'라고 말할 때 사르트르가 염두에 두고 있는 것은 메두사의 시선처럼 나를 화석으로 만들어 버리는 타인의 차가운 시선입니다.

　우리는 자신을 자유로운 주체라고 생각합니다. 설령 내가 흉악한 범죄를 저질렀어도 나는 나의 죄를 뉘우치고 선한 인간이 될 수 있다고 생각하며, 사업에 실패했어도 재기할 수 있다고 생각합니다. 그러나 사람들은 나를 이렇게 자유로운 주체로 보지 않습니다. 사람들의 시선은 곤충을 핀으로 고정해 놓듯이 나를 악당으로 혹은 실패자로 확정해 버리는 것입니다. 이런 시선 앞에서 얼어붙는 경험을 누구나 해 보았을 것입니다. 카프카의《변신》에 나오는 그레고르 잠자처럼 내가 어느 날 흉측한 벌레가 되어 버렸을 때, '나는 벌레가 아니다'라고 아무리 소리쳐도 사람들은 믿지 않습니다.

　　타인의 시선은 우리를 끊임없이 비교하면서 등급을 매깁니다. 다시 말해 그것은 우리를 선하거나 나쁜 사람, 아름답거나 추한 사람, 유능하거나 무능한 사람으로 등급을 매기는 것입니다. 이렇게 등급을 매기는 시선이 오고가는 인간관계에서 사람들은 무시와 멸시가 번득이는 시선보다는 존경이나 선망 어린 시선을 받고 싶어 합니다. 이와 함께 사람들의 사이의 관계는 경쟁적인 성격을 갖게 되고 서로에 대한 노골적이거나 은밀한 시기심이 지배하게 됩니다.

　　이렇게 시기심이 지배하는 관계에서 사람들이 타인에 대해서 갖는 시선은 호기심에 차서 타인의 약점을 염탐하는 시선입니다. 그리고 사람들이 타인에 대해서 하는 말은 상대방의 약점을 홍보하는 뒷담

화의 성격을 갖게 됩니다. 오늘날의 인터넷 공간은 그 익명성으로 인해 사람들이 아무런 거리낌없이 시기심 어린 호기심과 뒷담화를 분출하는 공간입니다. 호기심과 뒷담화에는 우리가 존중해 주어야 할 어떠한 비밀스러운 차원도 존재하지 않습니다. 사람들은 무자비하게 까발리면서 통쾌해하지만, 정작 자신들은 그 상대를 면전에 두고서는 호의적인 표정을 꾸며대는 것입니다.

쇼펜하우어는 사회적 평판이나 명예라는 것이 사실은 그렇게 신경쓸 만한 가치가 없다고 봅니다. 특히 타인에 대해서 악담과 악평을 하는 자들일수록 타인에 대한 시기심과 질투에 사로잡혀 있는 사람들일 것입니다. 따라서 우리는 이들의 악담이나 악평에 대해서 상처를 입기보다는 그들을 불쌍한 인간들로 치부하고 무시하는 것이 좋습니다.

우리가 타인의 말에 귀를 기울이고 끊임없이 남의 눈치를 보는 것은 모든 사람으로부터 사랑받고 좋은 평판을 받고 싶어 하는 허영심 때문입니다. 이러한 허영심 때문에 우리는 다른 사람들로부터 칭찬을 듣게 되면 그것이 빈말일지라도 매우 기뻐합니다. 타인들에게서 항상 칭찬만 듣고 싶어 하는 허영심은 자신에 대한 긍지, 즉 자존감이 약하고 내면에서 자신에 대해 불안을 느끼기 때문에 생깁니다. 이러한 자존감의 결여는 우리 내면의 노예근성과 불가분의 관계에 있습니다. 노예는 자신에 대한 독자적인 평가를 할 수 없고, 노예에게 평가를 내리는 것은 어디까지나 주인이고 노예는 주인의 평가를 그대로 받아들여야만 했기 때문입니다. 오늘날에도 우리가 남들의 호의적인 평가에 신경을 쓰고 그것 때문에 일희일비하는 것은 우리 내면의 노예근성에서 온전히 벗어나지 못했기 때문일 것입니다.

4부

행복은 환상이고
고통은 현실이다

삶의 의미를 잃어버렸을 때

간절히 원하던 것이 있었습니다.

목표로 하는 대학에 가고 싶고
좋아하는 그 사람과 사귀고 싶고
충분히 많은 돈을 벌고 싶었습니다.

그것들을 향해 달려갈 때는
무척이나 힘들고 때론 고통스러웠습니다.

그리고 마침내 그것들을 이뤄냈는데,
왜 행복은 길게 가지 않는 걸까요?

쇼펜하우어의 말처럼

우리 인생은 '고통'과 '권태'

오직 그 두 가지 사이를 오가는 것뿐일까요?

삶이라는 허무함.

이 때문에 우리는 철학이 필요한지도 모르겠습니다.

인생은 고통과 권태 사이를 오락가락하는 시계추다.

인간은 물질이 풍족하면 권태로 인해 괴로워하고,

풍족하지 않으면 결핍으로 인해 괴로워한다.

욕망이 있으면 채우지 못한 그 욕망으로 인해 괴로워하고,

욕망이 없으면 권태라는 쓸쓸한 공허감으로 인해 괴로워한다.

어떤 곳인지 전혀 모르고 들어온 이 험난한 곳이

곧 우리의 인생이다

광대한 우주와 무한한 공간에서 무수히 반짝이는 별들이 하는
일은 불행과 비극만이 연출되는 이 세계를 비추는 것뿐이다.
이 세계에서의 삶은 가장 행복한 경우라 하더라도 권태로운
삶일 뿐이라는 사실을 생각하면 미칠 것만 같은 심정을
누를 길이 없다. 이 세상에는 참으로 부러워할 만한 사람은
하나도 없는 반면에 불쌍한 사람은 헤아릴 수 없을 정도로 많다.
인생이란 결국 평생을 지고 다녀야 할 무거운 짐이다.

나는 때로 사람들이 상대방을 부를 때 '아무개 씨' 또는
'아무개 님'이라고 하는 대신에 '고뇌의 벗'이라고 부르는 것이
좋다고 생각한다. 이렇게 부르는 것이 생소하게 생각될지
모르지만 실은 정당한 근거를 갖는다. 그것은 상대방의 실상을
드러냄으로써 우리로 하여금 그에 대해서 관용·인내심·
연민·형제애를 느끼게 하기 때문이다.

세상 사람들은 나의 철학이 슬픔과 절망만을 안겨 준다고
불평한다. 그러나 내가 한 것은 죄로 인해 사후에 가게 된다는
지옥을 꾸며내는 대신에, 이 세계가 이미 지옥과 같은 최악의
곳이라는 사실을 보여준 것뿐이다.

철학을 하도록 하는 경이감은 분명히 세계 안에 존재하는 고통과
악을 바라보는 데서 생긴다.

어떤 사람은 왕이 되기도 하고,

어떤 사람은 고문관이 되기도 하며,

어떤 사람은 하인이 되기도 하고,

병사가 되기도 하며, 장군이 된다.

그러나 이러한 차이는 껍데기에 불과하다.

그 실상을 보면 사람들은 모두 고통에 시달리는

가련한 희극 배우다.

인생이라는 것을 한번 세밀하게 살펴보라.

그 모든 것이 코미디처럼 우스꽝스럽지 않은가!

그것은 현미경을 통해 본 물 한 방울, 곧 세균들로 우글거리는

물 한 방울이나 맨눈으로는 보이지 않는 진드기로 가득 찬

치즈 한 조각과 같다. 이들 미세한 벌레와 세균들이

작은 공간에서 분주하게 움직이고 서로 싸우는 모습은 우리에게

웃음을 자아낸다! 이렇게 좁은 공간과 짧은 시간에 일어나는

이러한 끔찍한 활동이 희극적이기 때문이다.

진정한 철학이라면 행간에서 눈물의 울부짖음을 느낄 수 있어야 한다. 이를 부드득 가는 소리와 다들 죽고 죽이느라 아우성치는 끔찍한 소리가 들리지 않는다면 그건 철학이 아니다.

모든 곡식이 저절로 잘 자라고, 비둘기들이 평화롭게 하늘을 날며,
사내들은 마음대로 예쁜 여자를 골라 함께 잠을 잘 수 있다면
어떻게 될까? 인간은 얼마 안 가 권태를 못 이겨 스스로 목을
졸라매게 될 것이다. 아니면 서로 싸움과 살해를 일삼게 되면서
세상은 지금보다 더 고통스러운 곳이 될 것이다.
따라서 인간에게는 고통과 고난이 존재하는 이 세계가
살기에 가장 적합한 곳이다.

인간의 육신은 압력이 없어지면 터지게 된다. 이와 마찬가지로
인간의 삶에서 고뇌와 실패와 노고의 중압이 사라지게 된다면,
인간은 끝없는 방종에 빠져 자신을 파괴하게 될 것이다.
배가 물위에 떠서 똑바로 항해하기 위해서는 압력을
가해주는 물체가 필요한 것처럼, 인간에게는 항상 다소의
걱정과 괴로움과 불행이 필요하다.

권력자들의 장신구나 연회장에서 볼 수 있는 호화찬란함도
결국은 인생에 본질적인 비참함에서 벗어나려는 헛된 노력에
지나지 않는다.

우리의 발걸음이 순간순간 쓰러지려는 우리 몸을 지탱하는 노력에 불과한 것처럼, 육신에 기초한 우리의 삶은 끊임없이 닥쳐오는 죽음을 간신히 막고 있는 것, 즉 지연된 죽음에 불과하다. 우리는 이미 태어나면서부터 죽음의 소유물로 존재한다. 죽음이 잠시 시간을 끈 것은 고양이가 쥐를 잡아먹기 전에 쥐를 희롱하고 있는 것과 같다. 우리는 좀 더 오래 살려고 온갖 애를 쓴다. 그러나 그것은 마치 아이들이 빤히 터질 줄 알면서도 비눗방울을 가능한 한 큼직하게 내뿜어 오래가도록 애를 쓰는 것이나 똑같다.

인생의 전반기인 청년기의 특성이 행복에 대한 채워지지 않는 동경이라면, 후반기의 특성은 불행에 대한 걱정이다. 이는 인생의 후반기로 들어서면 행복은 환상이고 고통은 현실이라는 것을 다소간 깨닫게 되기 때문이다. 따라서 후반기가 되면, 적어도 이성적인 성격의 소유자는 즐거움보다도 단지 고통이나 귀찮은 일이 없도록 노력하게 된다. 나도 젊은 시절에는 밖에서 초인종이 울리면 '무언가 좋은 일이 생겼나'라고 생각하면서 기분이 좋았다. 그러나 나이를 먹고 나서는 초인종이 울리면 두려움 비슷한 것을 느끼면서 '무슨 안 좋은 일이 생겼나'라고 중얼거리게 되었다.

성욕은 욕망 중에서 가장 격심한 것으로 욕망 중의 욕망, 즉 모든 욕망의 집결체다. 자신이 연정을 느끼는 상대에 대한 성욕을 충족시켰을 때 우리는 최고의 희열을 느낀다. 우리는 그것만 손에 넣게 되면 모든 것을 얻게 되는 반면에, 그것을 손에 넣지 못하면 모든 것에 실패한 것처럼 절망한다.

천국과 지옥의 경험을 동시에 할 수 있는 것이 바로 사랑이다.

이 세계는 유혈이 낭자한 황야다. 여기에서는 불안과 고통에
시달릴 뿐인 생물들이 서로 물어뜯고 있다.
맹수는 무수한 생물을 삼키면서 수백 수천 마리 동물들의
생무덤으로 살아간다.

단테가 지옥의 고통을 상세하게 묘사하고 난 후 천국에 대해서는

단조롭고 권태로운 광경밖에는 상상할 수 없었다는 것은

말할 나위도 없이 우리 인생에는 고통과 권태 이외에는

아무것도 없다는 사실을 증명할 뿐이다.

동물의 세계도 그렇지만 인간 세상을 잘 살펴보면, 사람들은
야단법석을 피워가며 살아가지만 결국은 식욕과 성욕이라는
두 개의 단순한 원동력과 권태라는 부수적인 동력밖에
갖고 있지 않다. 이 세 개의 단순한 요소로부터 인간 세상의
눈부신 활극이 만들어진다는 사실을 생각하면
놀라지 않을 수 없다.

죽음은 개인적인 의식에 종말을 가져온다. 따라서 이 의식이 죽은 후에도 다시 부활하여 영원히 존재하게 되기를 바라는 소망은 터무니없는 것이다. 설사 영원히 존재하게 되더라도 영원히 지속되는 이 의식을 채우는 것들은 무엇이겠는가? 빈약하고 하찮고 비속한 생각과 많은 걱정 이외의 아무것도 아닐 것이다. 따라서 개체의 의식은 죽음과 함께 영원히 소멸하는 것이 좋다. 이렇게 생각할 때에야 비로소 우리는 죽은 자들의 얼굴에 깊은 안식이 깃들어 있는 까닭을 이해할 수 있다.

이기심은 죽음과 함께 몸이 소멸하면서 흔적도 없이 분쇄되어 소멸해 버린다. 따라서 이기적인 자는 죽음을 두려워한다. 바로 이 점에서 죽음은 이기적인 인간에 대하여 자연의 운행이 주는 교훈이라고도 볼 수 있다. 이기적인 욕망에서 벗어나 있어서 잃을 게 없다고 생각하는 인간은 죽음을 두려워하지 않는다. 그는 죽음과 함께 자신에게 존재하는 일말의 나쁜 심성조차도 다 사라질 것이라고 생각한다. 따라서 사람들이 얼마나 악하냐 선하냐에 따라 죽음은 재앙이 되기도 하고 행복이 되기도 한다.

삶과 인간의 본질적인
사실들에 대한 명쾌한 결론

염세주의 철학자답게 쇼펜하우어는 인생의 고통과 허망함을 집요하게 그려내고 있습니다. 그는 인간 역시 이기적인 존재라 폭로하며, 이 세계는 그러한 이기적인 인간들의 치열한 투쟁 장소로 표현하고 있는 것입니다.

우리는 갖가지 욕망에 시달립니다. 우리가 삶에서 느끼는 고통 대부분은 욕망이 충족되지 못한 데서 비롯됩니다. 부자가 되고 싶다는 욕망, 유명해져서 사람들로부터 부러움을 받고 싶다는 욕망, 자녀의 성공을 바라는 욕망, 한순간도 따분함을 느끼지 않고 재미있게 하루를 보내고 싶다는 욕망 등등. 이렇게 다양한 욕망을 충족시키기 위해서 온갖 노력을 다 하지만, 우리는 결코 만족할 줄 모릅니다. 인간의 욕망은 아무리 채워도 채울 수 없는 밑 빠진 독과 같습니다. 한 가지 욕망이 충족되어도, 만족을 얻지 못하는 욕망은 열 가지나 됩니다.

평범한 사람들이 충족되지 않는 욕망에 시달린다면, 넘쳐나는 부 때문에 아무런 걱정도 없을 것 같은 사람들은 권태에 시달립니다. 따라서 쇼펜하우어는 우리가 다른 사람을 부러워할 필요는 없다고 말합니다. 사람들의 삶을 잘 들여다보면, 누구에게나 사는 건 고통이기 때문입니다.

그런데 쇼펜하우어는 인간에게는 적당한 고통과 고난이 필요하다고 말합니다. 인간이 바라는 것이 즉시 충족되는 상태는 오히려 지옥을 초래할 수 있기 때문입니다. 삶에서 고통과 실패와 노고의 중압이 없어진다면 인간은 중심을 상실한 채 끝없는 방종이나 난행亂行 그리고 사나운 광태狂態에 빠지게 될 것이라고 그는 경고하고 있습니다. 배가 물 위에서 똑바로 가기 위해서는 부력뿐 아니라 중력이 필요한 것처럼, 인간의 삶에는 다소의 걱정과 고통 그리고 불행이 필요한 것입니다.

쇼펜하우어의 염세주의는 냉소적이고 심지어 악의적으로까지 보입니다. 쇼펜하우어는 인생과 인간의 어둡고 부정적인 것만 보고 싶어 하고 그것들을 폭로하는 데서 쾌감을 느끼는 것 같습니다. 그러나 이러한 폭로가 목표하는 것은 우리가 보통 당연하게 생각하면서 빠져 있는 일상적인 삶의 추악함과 허망함을 드러냄으로써 그러한 삶에서 벗어날 것을 촉구하는 데 있습니다. 갖가지 욕망을 추구하는 데 빠져 있는 일상적인 삶의 추악함과 허망함을 자각할수록 우리는 그러한 삶으로부터 거리를 취하면서 더 나은 삶을 추구할 수 있는 것입니다.

우리가 집착하는 모든 것의 허망함을 깨닫고 그것들에 대한 집착을 버리면, 우리가 생각지도 않았던 마음의 평안과 충만함이 우리를 찾아올 것입니다. 인생에 대한 쇼펜하우어의 염세주의적인 냉소도 결국은 모든 탐욕과 집착에서 우리를 벗어나게 하는 것을 목표하고 있습니다.

Arthur Schopenhauer

5부

사는 동안,
이 고통에서 벗어나라

맘 편하게 살고 싶을 때

커다란 보름달을 조용히 바라본 적 있으신가요?
혼자 있는 방에서 음악에 심취해본 적 있으신가요?

딴생각하지 않고
오직 그 아름다움만을 느끼면서요.

사는 건 힘듭니다.

정말 사는 건 고통인지도 모릅니다.

하지만 사는 동안

힘들기만 할 순 없습니다.

욕망을 내려놓고 삶을 조용히 관조하기.
내 안의 이기심을 버리고 타인을 좀 더 생각하기.

삶의 고통에서 벗어나,
순수하고 평온한 기쁨을 느껴보면 어떨까요?
마음 편하게 살아가는 지혜를 배울 때입니다.

인간의 모든 행위는 세 가지 근본 원천에서 비롯된다.

첫째는 자신의 이익을 원하는 이기심,

둘째는 타인의 손해를 바라는 잔인한 악의,

셋째는 타인의 행복을 원하는 동정심이다.

동정심은 고귀하고 관대한 덕성으로 발전할 수 있다.

인간의 모든 행위는 이 세 가지 원천의 하나 혹은 둘에서

비롯된다.

인간의 이기심처럼 큰 것은 없다.

우주도 그것을 다 감싸 안을 수는 없다.

누구에게든 우주의 소멸과 그 자신의 소멸 중에서 무엇을

택하겠느냐고 물어보라. 그가 어떤 대답을 할지는 뻔하다.

인간은 저마다 자신을 세계의 중심에 놓고

모든 것을 자기의 이익이란 관점에서 본다.

사소한 일에서부터 국가의 파멸과 같은 큰일에 이르기까지

우선 자기의 이해를 따진다.

나는 인간의 이기심에 관해 이런 생각까지 해 보았다.

'인간 대부분은 남을 죽여 그 기름을 짜서 자기의 구두를

닦는 것도 사양치 않는다'라고.

우리는 여러 가지 이유와 설명을 늘어놓으면서 상대를 설득하기 위해 온갖 애를 쓴다. 그러다 결국은 상대에게는 우리를 이해하려는 '의지'가 없으며 문제는 상대의 '의지'에 달려 있다는 사실을 깨닫게 되는 것처럼 화나는 일도 없다. 따라서 논리학은 소용이 없다. 이제까지 논리에 의해 사람을 설득한 예는 없다. 상대방을 설득하려면 상대방의 이성이 아니라 상대방의 이익, 욕망, 의지에 호소해야 한다.

우리는 남과 사귈 때 으레 상대방의 지능이나 도덕성의 정도를 먼저 알아보려 한다. 그리하여 상대방이 흉악하고 생각이 편협하고 판단력이 떨어지는 것을 발견하면 그를 멸시하거나 상대하지 않으려 한다. 그러나 이때 우리는 그가 겪는 고뇌와 불행 그리고 번민과 우환을 생각해야만 한다. 그렇게 되면 우리는 그나 우리나 모두 고통받는 인간이라고 느끼게 된다. 이와 함께 그에 대해 동정심을 갖게 되면서 그를 미워하고 무시하는 대신에 그를 가엾게 생각하고 사랑하게 된다.

고귀한 성품의 소유자는 좀처럼 자신의 운명에 대해 비탄하지 않는다. 그는 햄릿이 '그대는 온갖 괴로움을 겪고 있으면서도 조금도 내색을 하지 않는다'라고 찬양했던 호레이쇼와 유사하다. 이렇게 고귀한 인간은 타인들의 운명도 자신의 운명처럼 느낀다. 그리고 주위에 자신보다 더 심한 불행에 싸여 있는 사람들이 있다는 사실을 항상 유념하면서 자신의 불우한 처지를 한탄하지 않는다.

우리가 이기주의를 극복하고 다른 사람들을 자신처럼 생각할 때
우리는 다른 사람들에 대해서 갖는 공포나 적대감에서 벗어나게
된다. 이때 우리는 우리의 마음뿐 아니라 심장까지도 확장되는
것을 느낄 수 있다. 반대로 이기주의에 사로잡혀 있을 때는
우리의 마음뿐 아니라 심장까지도 축소된다.
선량한 사람은 자신이 친근하고 호의적인 사람들에 의해
둘러싸여 있다고 느낀다. 그리고 이렇게 친근한 사람들의
행복을 자신의 행복으로 느낀다.

인간은 누구나 자신 속에 시기심과 동정심이라는 두 가지 반대되는 심정을 갖고 있다. 시기심은 자기와 남 사이에 놓인 장벽을 높이고 견고하게 만들 뿐이다. 이에 반해 동정심은 그것을 엷고 투명하게 하고 때에 따라서는 그것을 제거해 버리기까지 한다. 그렇게 되면 나와 남의 구별은 흔적도 없이 깨끗이 사라진다.

모든 욕망을 부정한 사람은 겉으로 볼 때는 아무런 기쁨도 없이
결핍뿐인 삶을 사는 것처럼 보이지만, 완전한 내적인 기쁨 속에서
살고 있다. 이러한 기쁨은 바다와 같이 고요한 부동의 평화와
안식 그리고 깊은 평정과 숭고한 명랑함이 지배하는 상태다.
욕망의 속박에서 벗어난 자의 마음 상태는 그 얼굴에도
잘 나타나 있다. 욕망에서 전적으로 벗어난 자는
얼굴에 조용한 미소를 띠면서 세상에 대하여 무심하면서도
담담한 눈초리를 던질 뿐이다.

만일 가해자에 대하여 참혹한 보복을 하고 싶은 생각이 든다면,
상대방이 고뇌에 허덕이고 불행과 궁핍에 흐느끼고 있는 모습을
선명히 머릿속에 그려보고 '이것이 내가 보복하여 그가 받은
타격이다'라고 중얼거려 보라. 그러면 그 보복의 결과가 너무나
참혹하다는 것을 깨닫고 보복할 엄두가 나지 않을 것이며,
보복하고 나서 나중에 후회하는 것을 미리 방지할 수 있다.
세상에서 분노의 불길을 끄려 하면 이 방법밖에 없을 것이다.

모든 욕망에서 벗어나 삶이나 세계를 조용히 관조할 때,
우리는 가장 순수한 기쁨으로 충만하게 된다.
그러나 이러한 기쁨을 맛보기 위해서는 보기 드문 특별한
소질이 필요하다. 따라서 극소수의 사람들만 이러한 기쁨을
누릴 수 있으며, 이들도 꿈같이 짧은 순간 동안만
누릴 수 있을 뿐이다.

욕망의 눈으로 보면 세상은 고통이지만

관조의 눈으로 보면 세상은 아름다움이다.

만월滿月을 보면 어찌하여 유쾌하고 평온한, 그리고

고양된 기분이 되는 것일까? 그것은 달이 관조의 대상일 뿐

욕망의 대상이 아니기 때문이다.

조용히 관조할 수 있는 능력이 없는 자들은 평범한 인간일 뿐 아니라 자연의 공산품Fabrikwaren der Natur이다.

음악은 외부의 현상을 표현하는 것이 아니라 오직 모든 현상의
내면적인 본질, 즉 의지 자체를 표현한다. 이런저런 특정한 기쁨,
괴로움, 두려움, 걱정, 쾌락이나 안식 등을 표현하는 것이 아니라,
다만 기쁨 자체, 비애, 고뇌, 공포, 쾌락, 안식 자체를 표현하는
것이다. 즉 음악은 모든 동기나 상태를 떠나 기쁨이나 괴로움의
추상적이고 핵심적인 본질만을 표현한다. 그러나 우리는 이렇게
표현된 추상적 정수에 의하여 그것들을 완전히 이해할 수 있다.

음악은 사물들에 대해서 말하는 것이 아니며 보이지 않는 세계의
핵심에 대해서 말한다. 이러한 핵심은 과학적인 지성을
통해서가 아니라 천재의 영감을 통해서 개시된다.
따라서 음악은 머리가 아니라 심장에 말을 건넨다.

언어가 이성의 말인 것과는 달리 음악은 감정과 정열의
말이다. 이미 플라톤도 '영혼의 움직임을 모방하는 것은 선율의
움직임이다'라고 말했으며, 아리스토텔레스도 '어찌하여 음에
불과한 리듬과 선율이 영혼의 상태와 유사한 것일까?'라고
물었다.

세계의 참된 본성을 심각하게 직접적으로 드러내 보여주는
것으로 음악만큼 강렬히 작용하는 것은 없다. 웅대하고도 화려한
하모니를 들으면 정신이 목욕하는 느낌이 든다. 우리는 음악을
통하여 정신에서 모든 오물을 씻어 버리고 사악하고 비열한
것을 제거할 수 있다. 이런 하모니는 인간을 한결 높은 데로
끌어올리고 가장 고귀한 사상과 융합하므로, 그것을 통해 우리는
자신의 참된 가치와 의의를 분명히 느끼게 된다.

고전을 읽는 것 이상으로 정신을 상쾌하게 하는 것은 없다.

어떤 고전이든 반시간만이라도 손에 쥐게 되면

정신은 곧 신선하고 경쾌해지며 맑아지고 높아지며 강해진다.

이는 마치 바위에서 솟아 나오는 샘물로 원기가 회복되는 것과

같다.

우리가 무엇을 원하는 욕망 자체가 고통이다. 고통은 욕망
자체에서 오는 것이지 욕망의 대상에서 오는 것이 아니다.
우리는 욕망의 대상이 우리의 욕망을 만족시켜 줄 것처럼
믿고 있지만, 사실은 욕망을 끊을 때만 참된 만족을 얻는다는
사실을 모르고 있다. 욕망을 끊음으로써만 우리는
고뇌의 세계에서 해탈할 수가 있다.

일상적인 행복은 모두 욕망에 기생하는 소극적인 것이다.

모든 욕망에서 벗어난 마음의 평화로운 상태야말로

순수하고 참된 행복이다.

욕망을 전적으로 포기하는 금욕주의자는 죽음을 바람직한 것으로
여기면서 죽음의 도래를 기꺼이 받아들인다. 다만 자신이 처한
비참한 상황을 견디지 못해 자살하는 사람들과는 달리 그의
죽음과 동시에 사라져 버리는 것은 단지 그의 육신이 아니라
살려는 의지 자체다.

내적 평화에 이르는
가장 현실적인 기술

쇼펜하우어는 인간이 살면서 겪는 고통의 원인은 우리가 욕망의 존재라는 데 있다고 보았습니다. 마지막 부에서는 그 고통을 극복할 수 있는 길에 대한 쇼펜하우어의 잠언들을 실었습니다.

우리가 '욕망의 존재'라는 데서 고통이 비롯된다면 고통에서 벗어날 수 있는 길은 '욕망에서 벗어나는 것' 외에는 존재하지 않습니다. 쇼펜하우어는 인간의 이성은 욕망의 지배를 받기도 하지만 욕망을 통제하고 더 나아가 욕망을 부정할 수도 있다고 말합니다. 쇼펜하우어는 이성이 욕망을 지배할 수 있는 여러 방법을 제시하지만, 여기서는 동정심과 심미적 관조 상태 그리고 금욕주의적인 욕망 부정에 대해서만 소개하겠습니다. 인간은 동정심을 통해 이기적인 인간에서 선한 인간으로 변화되고, 심미적 관조와 금욕주의적 욕망 부정을 통해 고통에서 벗어나게 됩니다.

동정심

쇼펜하우어는 인간은 기본적으로 이기적인 존재라고 봅니다. 타인을 대할 때, 우리는 우선 그 사람이 자기에게 어떤 이익을 줄 수 있는가를 따져봅니다. 그러고서는 만일 그가 자기에게 이익이 되는 사람이 아니라고 생각하면 곧 무가치한 존재로 간주합니다. 이기주의자로서의 우리는 모든 것을 소유하려고 하며, 그것이 어렵다면 적어도 지배하려고 합니다. 이러한 이기심에 대립하는 것이 다른 사람의 고통을 함께 느끼고 그것을 완화하고 제거하고 싶어 하는 '동정심'입니다. 쇼펜하우어는 이토록 이기적인 존재인 인간이 동정심을 가질 수 있다는 것은 참으로 신비롭고 놀라운 일이라고 말합니다. 동정심이 있으면 나와 남의 경계선이 허물어져 남의 고통을 자신의 고통으로 느끼게 됩니다.

심미적 관조 상태

격정이나 근심으로 괴로워하다가 갑자기 아름다운 자연을 바라보게 되면서 마음이 밝아지고 평온해지는 경험을 누구나 한 번쯤은 했을 것입니다. 우리가 그동안 욕망을 채우는 방식으로 획득하려 했지만 주어지지 않았던 안식과 평안함이 사물을 아름답게 보는 심미적 관조 상태에서 우리에게 갑자기 저절로 주어지게 됩니다. 이러한 심미적 관조 상태에서 사물들이 자신의 아름다움을 드러내는 것은 우리가 그것들을 아름답게 보려고 노력했기 때문이 아닙니다. 오히려 그런 노력조차도 하지 않고 무심하게 사물들을 바라보는 가운데, 사물들 자신이 자신의 아름다움을 드러냅니다.

이렇게 사물을 아름다운 것으로 관조하는 상태에서 우리는 모든 욕망에서 벗어난 순수한 인식주관으로 높아지게 됩니다. 순수한 인식주관으로 존재할 때 우리가 왕인지 거지인지 죄수인지는 전혀 중요하지 않게 됩니다. 교도소에 갇혀 있는 죄수도 쇠창살을 통해 석양을 보면서 자신의 비참한 처지를 잊어버리고 석양의 아름다움에 빠질 수 있습니다. 순수한 심미적 관조 상태에서 우리는 '밝고 영원한 세계의 눈'으로 존재하게 됩니다.

금욕주의적 욕망 부정

우리가 겪는 고통은 보통 충족되지 못한 욕망에서 생깁니다. 따라서 우리는 욕망을 줄일수록 고통을 줄일 수 있습니다. 그렇지 않고 욕망을 충족시키는 방식으로 고통을 줄이려고 할 경우에는 한없는 욕망 때문에 고통의 수렁에 빠지게 되고 맙니다.

욕망을 줄이기 위한 수단으로 쇼펜하우어는 금욕주의적인 고행을 들고 있습니다. 쇼펜하우어에 따르면 욕망은 주로 자기 보존을 향한 욕망과 종족 번식을 향한 욕망 그리고 이기심으로 나 타납니다. 따라서 자기 보존 욕망이 가장 강하게 나타나는 식욕을 억제하는 소박한 식사와 종족 번식 욕망을 억제하는 정결貞潔 그리고 이기심의 표현인 탐욕을 억제하는 청빈淸貧이 금욕주의적인 고행의 3대 요건이 됩니다. 이 세 가지를 엄수하는 자가 보통 성자라 불립니다. 쇼펜하우어는 이렇게 욕망을 부정함으로써 그것의 속박에서 벗어나 있는 마음의 평화로운 상태야말로 바로 참된 행복이라고 봅니다. 일상적인 행복은 모두 욕망에 기생하는 소극적인 것에 불과합니다. 예를 들어 평소에 먹고 싶었던 음식을 먹을 때 우리는 행복해하지만, 이러한 행복은 욕망이 충족되면서 곧 사라집니다. 이에 반해 모든 욕망에서 벗어나 있을 때 우리 마음에 깃들게 되는 평화는 우리가 욕망에 휘둘리지 않는 한 지속됩니다.

자신의 모든 욕망을 부정한 사람만이 온전히 이기심을 극복했기에, 그리스도교와 불교에서 말하는 것처럼 이웃을 제 몸같이 사랑할 수 있고 보살의 자비행을 행할 수 있습니다. 쇼펜하우어는 그리스도교와 불교 사이에는 본질적인 차이가 없다고 봅니다. 두 종교는 마리아상이나 부처상에서 보이듯이 고통이 완전히 사라진 평온하면서도 은은한 기쁨이 넘치는 얼굴을 실현할 것을 사람들에게 촉구한다는 것입니다.

Arthur
Schopenhauer

인생고전 라이팅북
내 삶에 새기는 쇼펜하우어

초판 1쇄 인쇄 2024년 4월 22일
초판 1쇄 발행 2024년 5월 8일

엮은이 박찬국
펴낸이 최순영

출판1 본부장 한수미
와이즈 팀장 장보라
디자인 이세호

펴낸곳 ㈜위즈덤하우스 **출판등록** 2000년 5월 23일 제13-1071호
주소 서울특별시 마포구 양화로 19 합정오피스빌딩 17층
전화 02) 2179-5600 **홈페이지** www.wisdomhouse.co.kr

ⓒ 박찬국, 2024

ISBN 979-11-7171-189-5 04100
       979-11-7171-188-8 (세트)

979-11-7171-189-5 04100
979-11-7171-188-8 (세트) | 값 20,000원